BEI GRIN MACHT SICH IHR WISSEN BEZAHLT

AF 136061

- Wir veröffentlichen Ihre Hausarbeit,
  Bachelor- und Masterarbeit

- Ihr eigenes eBook und Buch -
  weltweit in allen wichtigen Shops

- Verdienen Sie an jedem Verkauf

Jetzt bei www.GRIN.com hochladen
und kostenlos publizieren

Das Fünf-Kräfte-Modell im Kontext des IT-Managements

Porters Five Forces

Bibliografische Information der Deutschen Nationalbibliothek:

Die Deutsche Nationalbibliothek verzeichnet diese Publikation in der Deutschen Nationalbibliografie; detaillierte bibliografische Daten sind im Internet über http://dnb.d-nb.de abrufbar.

ISBN: 9783346586407
Dieses Buch ist auch als E-Book erhältlich.

© GRIN Publishing GmbH
Nymphenburger Straße 86
80636 München

Druck und Bindung: Books on Demand GmbH, Norderstedt Germany
Gedruckt auf säurefreiem Papier aus verantwortungsvollen Quellen

Das vorliegende Werk wurde sorgfältig erarbeitet. Dennoch übernehmen Autoren und Verlag für die Richtigkeit von Angaben, Hinweisen, Links und Ratschlägen sowie eventuelle Druckfehler keine Haftung.

Das Buch bei GRIN: https://www.grin.com/document/1162951

Wirtschaftsinformatik

IT-Management

Seminararbeit zum Thema:

Das Fünf-Kräfte-Modell im Kontext des IT-Management

Inhalt

Abbildungsverzeichnis

1 Einleitung

Das IT-Management und die IT-Strategieentwicklung, auch im Rahmen der digitalen Transformation, werden heutzutage mehr denn je mit neuen Fragen und Problemstellungen konfrontiert. Es gilt eine solche IT-Strategie zu entwickeln, die in der Lage ist die eigene Unternehmens-IT möglichst effektiv einzusetzen, um sich erfolgreich im Wettbewerb zu behaupten.

Ein wichtiges und nützliches Werkzeug innerhalb der IT-Strategieentwicklung ist das Fünf-Kräfte-Modell von Porter. Obwohl es aus den 1980er Jahren stammt und somit schon etwas älter ist, ist es heute immer noch ein sehr aktuelles Hilfsmittel.

Das Fünf-Kräfte-Modell bietet einen umfassenden Rahmen, um die dem brancheninternen Wettbewerb zugrunde liegenden Kräfte zu verstehen. Durch die Definition und das Verständnis der „fünf Wettbewerbskräfte", kann ein Unternehmen seine Konkurrenten verstehen und ihnen sogar einen Schritt voraus sein. Durch eine kluge Wettbewerbsstrategie kann sich ein Unternehmen eine starke Wettbewerbsposition sichern, in der es langfristig wettbewerbsfähig ist und bleibt.

2 Grundlagen IT-Management

2.1 Begriffserklärung IT-Management

Das IT-Management als Teilbereich des Informationsmanagements beschreibt eine Führungsaufgabe und ist ein Teil der Unternehmensführung. Es beschäftigt sich mit dem Management der Informations- und Kommunikationstechnologien, sowie mit übergreifenden Führungsaufgaben. Informationsmanagement ist sowohl Management- als auch Technikdisziplin (vgl. *Krcmar*, 2015a, S. 25).

Als Ziel des Informationsmanagements steht der effektive und effiziente Einsatz der Ressource Information und die Gestaltung der IT-Infrastruktur, damit diese das Leistungspotenzial des Unternehmens erhält und die Wettbewerbsfähigkeit dauerhaft steigert (vgl. *Schwickert,* S. 7 f.). IT-Management ist die Planung, Entscheidung, Durchführung und Kontrolle des laufenden IT-Betriebes und von IT-Projekten. Es umfasst die Bedarfsermittlung und Serviceabsprachen mit internen und externen Kunden (*Heuermann*, 2014, S. 13).

2.2 Kernphasen des IT-Managements

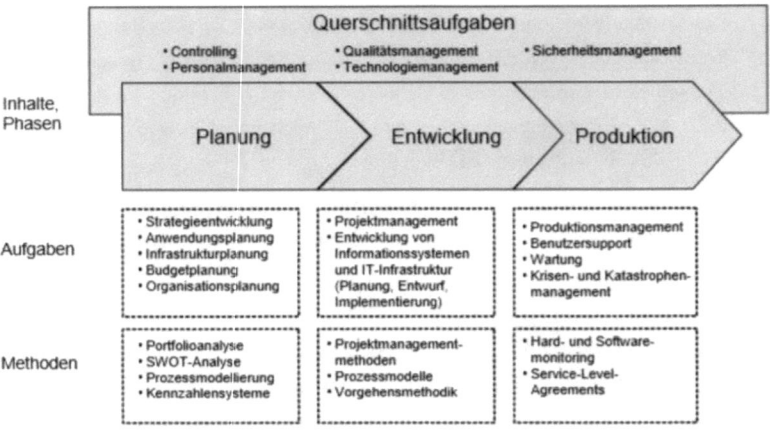

Abbildung 1: Inhalte, Aufgaben und Methoden des IT-Managements (Zarnekow/Brenner, 2003, S. 8)

Das IT-Management untergliedert sich in der Praxis in die in Abbildung 1 dargestellten Kernphasen der Planung, Entwicklung und Produktion von Informationssystemen und IT-Infrastrukturen. Für jede Phase existieren Aufgaben, die mit Hilfe von spezifischen Methoden und Werkzeugen bearbeitet werden können (vgl. *Zarnekow/Brenner*, 2003, S. 7). Die Methoden zur Erreichung der Zielsetzung einer jeden Phase, wurden speziell für die phasenspezifische Problemstellung gestaltet.

Ein wichtiger Punkt der ersten Phase ist die Planung und die Definition einer IT-Strategie, die an den Unternehmenszielen und der Unternehmensstrategie ausgerichtet ist. Die Entwicklungsphase bildet die zweite Phase des IT-Managements. Hier werden auf Basis der Planungsphase Informationssysteme und die IT-Infrastruktur entwickelt. Die dritte Phase ist die Produktionsphase, deren Aufgabe es ist, einen reibungslosen Ablauf der Infrastruktur und der Anwendungen zu gewährleisten, um so die Verfügbarkeit maximieren. Das Augenmerk des IT-Managements liegt vor allem auf der Planung, da diese Phase den langfristigen Weg vorgibt. Somit ist es wichtig von vornherein richtige und vernünftige Entscheidungen zu treffen und einen realistischen Planungshorizont zu schaffen (vgl. *Zarnekow/Brenner/Grohmann*, 2004, S. 26–35).

2.3 Ebenen des IT-Managements

Ein anderer Ansatz den Aufbau des IT-Managements zu beschreiben, ist die Aufteilung des Managements in eine strategische, taktisch/ administrative und eine operative Ebene. Der Ansatz ist ähnlich zu dem des Phasenmodells, legt jedoch weniger Wert auf die Phasen und ihre Aufgaben, sondern eher auf die einzelnen Ebenen und deren Aufgabenorientierung. Die Hauptaufgabe der strategischen Ebene ist der Planungsphase gleich und beschreibt die Entwicklung einer IT-Strategie, also der langfristigen Ausrichtung der IT an den Unternehmenszielen. Die strategische Ebene bestimmt die Ziele, Rahmenbedingungen und Verfahrensweisen. Die taktisch/ administrative Ebene ist für die Implementierung der Strategie zuständig, setzt diese also um. Ein weiterer Aufgabenbereich ist die Besetzung der Stellen durch geeignetes Personal und die Führung der Mitarbeiter. Die operative Ebene befasst sich mit dem Betrieb der Infrastruktur und beurteilt ob die vorgegebenen Ziele erreicht wurden und kann wenn nötig, Änderungen anstoßen (vgl. *Krcmar*, 2015b, S. 96–98).

Management-ebene	Gegenstand	Ausgewählte Aufgaben

Strategisch	Langfristige Ausrichtung der IT an den Unternehmenszielen	▪ Entwicklung der IT-Strategie
		  – Strategische Situationsanalyse
		  – Strategische Zielplanung
		  – Strategieformulierung
		  – Strategische Maßnahmenplanung
		▪ Qualitätsmanagement
		▪ Technologiemanagement
		▪ Controlling, Revision, Risikomanagement

Taktisch/ administrativ	Implementierung der Strategie	▪ Projekt- und Personalmanagement ▪ Daten- und Geschäftsprozessmanagement ▪ Lebenszyklusmanagement
Operativ	Betrieb und Nutzung der existierenden Infrastruktur	▪ Produktionsmanagement ▪ Problemmanagement ▪ Benutzerservice

Abbildung 2: Ebenen des IT-Managements und deren Aufgaben (Hofmann/Schmidt, 2010, S. 13)

3 Das Fünf-Kräfte-Modell im Kontext

3.1 Einführung strategisches IT-Management

Die Bedeutung und Nutzung der IT innerhalb der Unternehmen steigerte sich in den letzten Jahrzehnten unaufhörlich. Mitte der 1980er Jahre beschränkte sich der Wertbeitrag der IT zum Unternehmenserfolg auf die Rationalisierung von Arbeitsabläufen, die Finanzbuchhaltung, sowie die Lieferung von Informationen für bessere Managemententscheidungen. Doch mit der Zeit schaffte man es durch die Nutzung der IT, die Wettbewerbsfähigkeit des Unternehmens zu steigern und sich Wettbewerbsvorteile zu schaffen, indem man die strategische Bedeutung der IT erkannte. Vor allem im Zeitalter der Digitalisierung wurde die IT mit ihren Lösungen zu einer strategischen Waffe.

Die IT schaffte es, die verschiedenen Branchen so zu beeinflussen, dass die einzelnen Wettbewerbskräfte und somit auch die Unternehmensstrategie und die Planung innerhalb eines Unternehmens komplett verändert wurden.

Die Sicht auf die IT wandelte sich im Laufe der Zeit. Anfangs sah man nur den Kostenfaktor, dieser wurde mit der Zeit zu einem Vermögenswert. Als Geschäftspartner erlangte die IT ansehen und erreichte schließlich die heutige Sicht, die IT gilt heutzutage als Quelle von Wettbewerbsvorteilen.

Laut Porter (vgl. *Porter*, 2008) hat die Suche nach Wettbewerbsvorteilen eine strategische Stellung innerhalb eines Unternehmens und ist Aufgabe der strategischen Unternehmensführung. Eine Strategie zielt darauf, die Unternehmensaktivitäten optimal auszurichten. Optimal heißt, die Aktivitäten so zu gestalten, dass man sich von der Konkurrenz abhebt und letztlich einen nachhaltigen Wettbewerbsvorteil erzielt.

Die Hauptaufgabe des strategischen IT-Managements ist somit die IT-Zielbestimmung gemäß den Unternehmenszielen, sowie die Bestimmung der IT-Strategie zur Erreichung dieser Ziele. Dies findet in der Kernphase der IT-Planung statt (vgl. *Hofmann/Schmidt*, 2010, S. 13–19).

Der Reifegrad dieses Planungsprozesses und somit die Qualität der IT-Strategie hängt jedoch davon ab, wie gut die Vorgehensweisen des strategischen Managements im Unternehmen etabliert sind und in welchem Stadium sich das IT-Management befindet. Der Reifegrad gibt Aufschluss darüber, ob ein Unternehmen noch Defizite im IT-Management besitzt, oder sein Business-Know-how mit dem IT-Know-how zu einer starken IT-Strategie verknüpfen kann. Je mehr Erfahrungen ein Unternehmen sammelt, desto besser gelingt es ihm durch Lernprozesse eine IT-Strategie zu entwickeln, die die Unternehmensstrategie optimal unterstützt (vgl. *Hofmann/Schmidt*, 2010, S. 27).

Reifegradmodelle bieten Ansätze, um die Qualitätszustände der IT von außen oder von innen zu beurteilen und wurden auf das IT-Management übertragen. So kann durch diese wertende Komponente eine höheren Reifestufe des strategischen IT-Managements und somit ein höheres Fähigkeits- und Kompetenzniveau erreicht werden. Aufgrund unterschiedlicher Reifegrade gelingt die Nutzung der IT einigen Unternehmen besser als anderen. Die nachfolgende Tabelle enthält Beispiele für verschiedene Reifegrad-Stufen:

Reifestufen	Erläuterung
Betriebsleitung sieht IT als strategische Ressource. Organisatorisch und auf Ebene der Ressourcen findet die IT optimale Unterstützung im Rahmen der Möglichkeiten des Betriebs	ideale Situation für einen IT-Bereich, der sehr ehrgeizig ist
Betriebsleitung sieht IT punktuell als wichtige strategische Ressource, z. B. bei IT-Projekten. Anderen Leistungen der IT gegenüber ist sie gleichgültig oder sieht sie als selbstverständlich an	IT-Leitung muss ggf. für das „Standing" und die Bedarfe des IT-Betriebs werben
Betriebsleitung ist gegenüber der IT gleichgültig	IT bewegt sich im „Nirwana"
Betriebsleitung sieht IT nicht als strategisch wichtig an und überlässt sie sich selbst	schwierige Lage für die IT

Abbildung 3: Sicht der Betriebsleitung auf die IT und daraus resultierende Reifegrade (Heuermann, 2014)

3.2 Die IT-Strategieentwicklung

Eine IT-Strategie lässt sich als ein eng an der Unternehmensstrategie ausgerichteter Prozess definieren, der rechnergestützte und betriebswirtschaftlichen Anwendungen nutzt, um einen Wettbewerbsvorteil gegenüber den Konkurrenten des Unternehmens zu schaffen (vgl. *Herzwurm/Hanssen*, 2006, S. 4). Fehlt jedoch eine Unternehmensstrategie, lässt sich die zu bestimmende IT-Strategie nirgends ausrichten. Ist dies der Fall, sollte erst eine Unternehmensstrategie anhand abgestimmter Annahmen definiert werden. Diese Annahmen bilden dann die Basis für die IT-Strategie.

Nachfolgend wird das Standardvorgehen des IT-Strategieentwicklungsprozesses anhand der Abbildung 5 beschrieben.

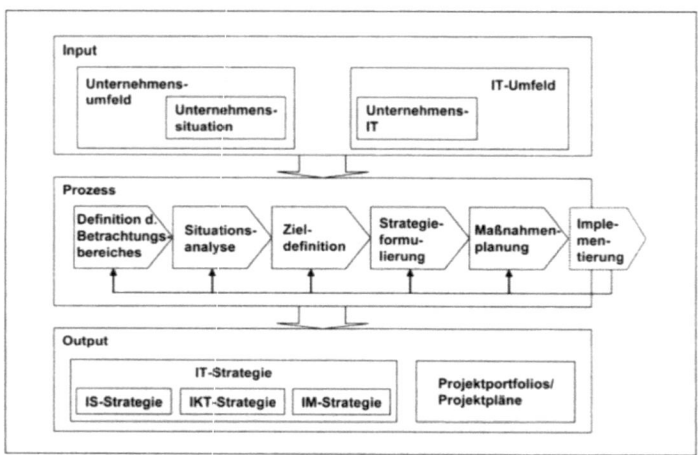

Abbildung 4: Input, Prozess und Output der IT-Strategieentwicklung (Hofmann/Schmidt, 2010, S. 25)

Zu Beginn des IT-Strategie-Prozesses muss der Betrachtungsbereich definiert werden, um festzulegen ob die IT-Strategie auf Unternehmensebene, oder auf der Ebene einer strategischen Geschäftseinheit entwickelt wird. Nach der Definition des Betrachtungsbereiches erfolgt die Situationsanalyse, die gleichzeitig den Grundstein für die IT-Strategie legt. Inputs dieser Situationsanalyse sind das Unternehmensumfeld, die interne Unternehmenssituation, das IT-Umfeld und der Zustand der internen Unternehmens-IT. Durch die Analyse der Stärken, Schwächen, Chancen und Risiken des Unternehmens lassen sich Anforderungen an die IT ableiten, die Auswirkung auf die IT-Strategie haben. Für die Analyse werden verschiedene methodische „Werkzeuge" kombiniert (vgl. *Hofmann/Schmidt*, 2010, S. 27–29). Als Analysetool kann das Five-Forces-Modell nahezu in jeder Form von Marktumfeldanalyse angewandt werden.

Die Unternehmensanalyse dient der Bestimmung der Ist-Situation und beinhaltet die interne Untersuchung des Unternehmens. Dabei spielen Mission und Vision des Unternehmens eine Rolle. Die Mission bezeichnet dabei den langfristigen Zweck des Unternehmens, die Vision ist die Vorstellung der zukünftigen Gestalt und gibt die

Richtung vor in die sich ein Unternehmen entwickeln will (vgl. *Steuernagel*, 2017, S. 45).

Die Analyse des Unternehmensumfelds beinhaltet die mikroökonomische Analyse des Unternehmens, also die Analyse des Wettbewerbsumfelds sowie die makroökonomische Analyse. Das makroökonomische Umfeld beherbergt Faktoren die das mikroökonomische Wettbewerbsumfeld beeinflussen können z. B. politische oder soziokulturelle Faktoren (vgl. *Hofmann/Schmidt*, 2010, 31; 44–46).

Die Analyse der Unternehmens-IT beinhaltet die Analyse der Mission und Vision der IT und der damit verbundenen Ziele. Die IT-Mission stellt sich dabei die Frage ob sie eher Innovationstreiber, oder eher nur Begleiter sein soll. Die IT-Vision ist mit der Frage konfrontiert, wie sie sich aufstellen will, um die gewünschten Ziele zu erreichen.

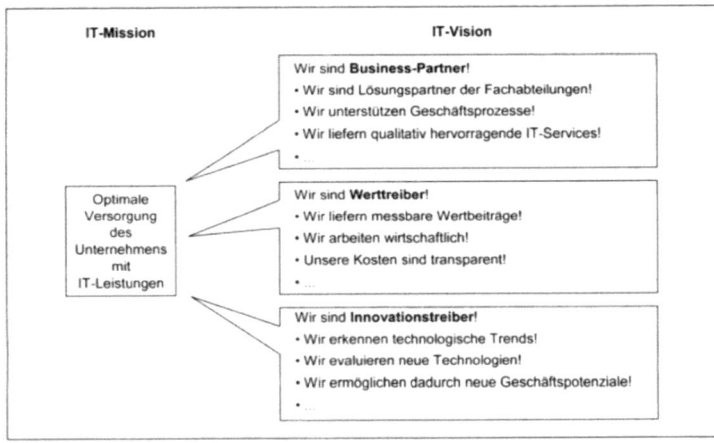

Abbildung 5: Mögliche IT-Mission und -Vision (Hofmann/Schmidt, 2010, S. 48)

Das zusammengesetzte Leitbild aus Mission und Vision setzt den Rahmen für die Unternehmensziele. Ziele drücken dabei verschiedene anstrebenswerte Ergebnisse oder Zustände aus, die erreicht werden sollen, während Strategien der Erreichung der Ziele dienen. Um Ausgangspunkt einer geeigneten IT-Strategie zu sein, sollte die Zielformulierung realistisch gegenüber der Ressourcenverfügbarkeit und der Kompetenz der Verantwortlichen sein. Abhilfe für eine realistische Einschätzung gibt hier die Situationsanalyse. Ziele lassen sich in Sach- und Formalziele unterteilen und beziehen sich auf ein konkretes Handeln oder übergeordneten Formalzielen wie z. B. die Produktivität (vgl. *Hofmann/Schmidt*, 2010, S. 32).

Aus den Ergebnissen der Situationsanalyse und der Zielformulierung bildet sich die Strategieformulierung. Die IT-Strategie stellt den Weg dar der von der Ist-Situation zu einer gewünschten Soll-Situation führt, der Weg, der die Stärken ausnutzt und Schwächen beseitigt.

Nachdem mit der Formulierung der IT-Strategie geklärt wurde *was* erreicht werden will, müssen entsprechende Maßnahmen implementiert werden, um zu klären *wie* die Strategie umgesetzt wird. Die Maßnahmen verbinden dafür die Strategieelemente mit Projekten um die Strategie umzusetzen (vgl. *Hofmann/Schmidt*, 2010, S. 58–88).

Eine große Bedeutung für den Wertbeitrag der IT hat die Abstimmung der IT- und Unternehmensstrategie. Oft wird dieser Prozess der gegenseitigen Abstimmung „Alignment" und „Enabling" genannt. Alignment beschreibt dabei die Ausrichtung der IT-Strategie an der Unternehmensstrategie, das Enabling beschreibt die Eröffnung neuer Geschäftsmöglichkeiten durch die IT. Ein wichtiger Punkt der IT-Strategie ist jedoch, dass die reine Technik nicht allein im Vordergrund stehen sollte. Die Situationsanalyse im Rahmen der Strategieentwicklung trägt mit ihren Ergebnissen dazu bei das Alignment und Enabling als einen festen Bestandteil der Strategieformulierung zu betrachten. Eine simultane Betrachtung fördert die schnelle Anpassung der IT-Strategie an die Geschäftsziele und umgekehrt. So kann die IT-Strategie individuell angepasst werden und eine optimale Ausrichtung an der Unternehmensstrategie bieten (vgl. *Hofmann/Schmidt*, 2010, S. 13–19).

3.3 Die Branchenstrukturanalyse im Detail

Die Wettbewerbsstrategie nach Michael Porter, erschienen in seinem gleichnamigen Buch „Wettbewerbsstrategie - Methoden zur Analyse von Branchen und Konkurrenten", erschienen 1983, gehört heutzutage zu den Klassikern des strategischen Managements. Porter hatte sich auf die Dynamik der Branche, dem mikroökonomischen Umfeld konzentriert und vertrat die Annahme, dass sich ein Unternehmen welches erfolgreich am Markt sein will, mit mehreren Wettbewerbskräften auseinandersetzen muss. Deshalb trägt dieser Ansatz der Strategiefindung auch die Bezeichnung „Branchenstrukturanalyse".

Die Wettbewerbskräfte haben ihren Ursprung im Branchenumfeld des Unternehmens. Porter identifiziert fünf grundlegende Kräfte: Der Eintritt neuer Konkurrenten, die Verhandlungsmacht der Abnehmer, die Verhandlungsstärke der Lieferanten, die Rivalität unter den bestehenden Unternehmen am Markt sowie die Bedrohung durch Ersatzprodukte und - Dienstleistungen.

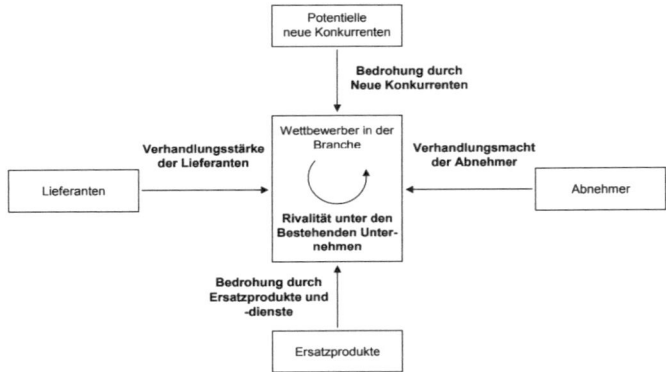

Abbildung 6: Die 5 Wettbewerbskräfte nach Porter (Porter, 2008)

Die Wettbewerbskräfte sind von Branche zu Branche unterschiedlich stark ausgeprägt. Dennoch kann ein Unternehmen durch gezielte Beeinflussung der Wettbewerbskräfte direkten Einfluss auf die eigene Positionierung innerhalb der Branche nehmen. Das Ziel des Unternehmens muss es deshalb sein die Wettbewerbskräfte im eigenen Sinne zu beeinflussen (vgl. *Porter*, 2008, S. 66 f.). Diese Kräfte werden im Folgenden näher erläutert.

Neue potenzielle Konkurrenten sind diejenigen Unternehmen die in ein bereits existierendes Geschäft eintreten. Die Gefahr für neue Wettbewerber besteht in der noch nicht vorhandenen Kundenloyalität und Erfahrung, die die länger im Markt agierende Konkurrenz bereits erlangt hat. Auch die Betriebsgröße konnte zu einem Problem werden, da Skaleneffekte noch nicht optimal genutzt werden können und die eigenen Produkte somit etwas teurer als die der Konkurrenz sind. Sogenannte Markteintrittsbarrieren erschweren zudem den Eintritt in einen neuen Markt. Beispiele hierfür wären ein hoher Kapitalbedarf, hohe Umstellungskosten der Produktion, ein fehlender Zugang zu Vertriebskanälen und staatliche Beschränkungen (vgl. *Porter*, 2008, S. 39–51).

Die Rivalität äußert sich nach Porter in Gegenmaßnahmen der Konkurrenten zum eigenen Handeln. Typische Aktionen sind Preissenkungen oder aggressive Rabattierungen, aber auch die Einführung neuer Produkte. Viele dieser Maßnahmen führen zur Reduktion der Margen im Wettbewerb. Die Rivalität ist höher, wenn es innerhalb der Branche viele Wettbewerber gibt. Die Rivalität steigt auch mit der Höhe der Austrittsbarrieren (z. B. Kosten für neue Produktionsanlagen), da trotz hohem Konkurrenzdruck weniger Wettbewerber die Branche verlassen. Auch beschäftigt sich Michael Porter mit dem Einfluss der Homo- und Heterogenität des Wettbewerbs auf die „Kampfbereitschaft" der Unternehmen (vgl. *Porter*, 2008, S. 51–59).

Ein Unternehmen muss sich nach Porter nicht nur mit der direkten Konkurrenz beschäftigen, sondern auch mit sogenannten Substitutionsprodukten. Porter nennt hier vor allem materielle Substitutionsprodukte wie den Ersatz von Zucker durch Maissirup (vgl. *Porter*, 2008, S. 58 f.). Doch auch mit der Verdrängung des Bedarfs muss ein Unternehmen umgehen können. Beispiele hierfür wären der Ersatz von Fotokamera und Diktiergerät durch das Smartphone. Diese neuen Erfindungen haben nicht nur Substitute geschaffen, sondern deren Vorgänger komplett obsolet werden lassen. Ein taktisch kluger Schachzug wäre die Verdrängung eigener, alter Produkte, zugunsten eigener, neuer Produkte, denn es ist immer noch am besten sich selbst als Konkurrenten zu haben. Im Zeitalter der Digitalisierung gibt es die Möglichkeit Produkte durch sogenanntes „Sharing" zu substituieren. Uber und Airbnb stellen hier das Substitut für das konventionelle Taxi oder das Hotel dar.

Die Verhandlungsstärke der Abnehmer beschreibt marktdominante Abnehmer, die in der Lage sind durch ihr hohes Einkaufsvolumen die Preise zu drücken. Eine weitere Gefahr sind Produkte, die sich nicht von denen anderer Anbieter unterscheiden, also homogen und somit substituierbar sind. Beispiele für solche Produkte ist Getreide oder Öl, da es bei diesen keine relevanten Qualitätsunterschiede gibt. Auch eine erhöhte Markttransparenz stärkt die Verhandlungsmacht, da der Abnehmer sehr gut über Produkte und Preise informiert ist und dadurch die Produkte leicht vergleichen kann. Porter nennt auch die Rückwärtsintegration als einen Verstärker der Verhandlungsmacht, da Kunden drohen könnten, bei schlechten Einkaufskonditionen die zuvor fremdbezogenen Waren nun selber herzustellen (vgl. *Porter*, 2008, S. 59–62).

Auch bei Lieferanten können die Kriterien wie Marktmacht oder Ersetzbarkeit zu einer hohen Verhandlungsstärke führen. So können das Liefervolumen und eine fehlende Markttransparenz ein dominantes Verhalten des Lieferanten begünstigen. Fehlende Substitute fördern außerdem die monopolistische Stellung des Lieferanten und es besteht die Gefahr der Vorwärtsintegration. Dies Bedeutet dass ein Unternehmen nachfolgende Fertigungsstufen nun selbst übernimmt, da seine Waren Ausgangsprodukte dieser nachfolgenden Fertigungsstufen sind (vgl. *Porter*, 2008, S. 62–65).

Der Vorteil des Modells ist die Einfachheit und die praktische Nutzungsmöglichkeit während der Anfangsphase der Analyse. Man kann Risiken schnell einschätzen und komplexe Strukturen einfach darstellen. Der Nachteil hingegen ist, dass nur eine Branche und nur deren Momentaufnahme betrachtet werden kann. Außerdem bezieht das Modell nur Konkurrenten mit ein, aber jedoch keine eventuellen Partner.

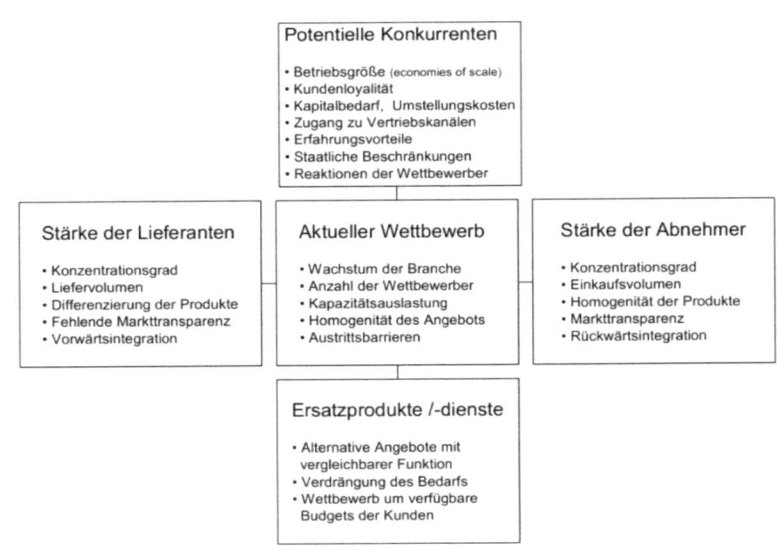

Abbildung 7: Die fünf Wettbewerbskräfte und ihre Determinanten (Hofmann/Schmidt, 2010, S. 43)

3.4 Einordnung des Fünf-Kräfte-Modells

Die Branchenstrukturanalyse ist innerhalb des IT-Managements, der Kernphase der Planung, bzw. dem strategischen Management zuzuordnen. Das Fünf-Kräfte-Modell ist dabei eine von verschiedenen Methoden, mit der man die strategische Analyse des Unternehmensumfeld durchführen kann. Da nicht alle Methoden für den gleichen Zweck geeignet sind, kann man von einem Werkzeugkasten sprechen, der verschiedene Werkzeuge für die jeweiligen strategischen Anwendungsgebiete beinhaltet. Man kann das Fünf-Kräfte-Modell als ein Werkzeug der strategischen Analyse betrachten.

Die Planung der IT-Strategie als Aufgabe des strategischen IT-Managements führt zu einem Strategieentwicklungsprozess, in dem das Fünf-Kräfte-Modell ein Teil der Situationsanalyse ist. Die Branchenstrukturanalyse untersucht die Struktur einer Branche und die dort herrschende Wettbewerbssituation. Aus den Erkenntnissen über die jeweilige Wettbewerbssituation und der Branchenstruktur kann das Unternehmen ableiten, ob diese für das Unternehmen attraktiv ist. Die Branchenstrukturanalyse wird dem Pfeil „Situationsanalyse" innerhalb des Strategiefindungsprozesses in Abbildung 5 zugeordnet.

4 Schlusswort

Trotz des Alters ist das Fünf-Kräfte-Modell in der Lage auch die heutige Unternehmensumwelt zu erfassen und zu analysieren. Im Zeitalter der Digitalisierung erlaubt eine Analyse der Branchenstruktur die Identifikation von Innovationen, deren Implementierung möglicherweise mit einem Wettbewerbsvorteil verbunden ist. Die Entwicklung der Technologie und deren Einfluss auf die Branchenstruktur ermöglicht die Nutzung neuer Möglichkeiten und schafft sogar komplette Geschäftsmodelle neu. Die potenziell strategischen Wettbewerbsvorteile der IT, die während der Situationsanalyse ausgemacht werden, machen eine Veränderung der Ist-IT-Infrastruktur nötig, um die angestrebten Ziele zu erreichen.

Die Branchenstrukturanalyse kann die IT-Strategie nachhaltig beeinflussen, um die IT-Infrastruktur optimal einsetzten zu können. Das Fünf-Kräfte Modell hat somit das Potenzial dem Unternehmen, durch seinen Einfluss in die IT-Strategie, einen Wettbewerbsvorteil zu verschaffen.

Literaturverzeichnis

Herzwurm, Georg/Hanssen, Sven (2006): IT Business Alignment: Strategien und Konzepte, 2006

Heuermann, Roland (2014): Strategisches IT-Management: In Privatwirtschaft und Verwaltung, München: Oldenbourg Wissenschaftsverlag GmbH, 2014

Hofmann, Jürgen/Schmidt, Werner (Hrsg.) (2010): Masterkurs IT-Management: Grundlagen, Umsetzung und erfolgreiche Praxis für Studenten und Praktiker, 2. Aufl., Wiesbaden: Viewig+Teubner Verlag, 2010

Krcmar, Helmut (2015a): Einführung in das Informationsmanagement, 2. Aufl., Heidelberg: Springer-Verlag, 2015

– (2015b): Informationsmanagement, 6. Aufl., Heidelberg: Springer-Verlag, 2015

Porter, Michael E. (2008): Wettbewerbsstrategie: (Competetive Strategy), 11. Aufl., Frankfurt/Main: Campus Verlag, 2008

Schwickert, Axel C.: Informationen zur WBT-Serie IT Management, Giessen, <https://wiwi.uni-giessen.de/dl/down/open/Schwickert/0c92229b149b43f9745c207241e01c07ddbadcfde7d5fc94a0666bf4bb14b5ac784fe60e9b0bcf8a4cf5689178743d1c/Reader_zum_Themenbereich_IT-Management_final.pdf> [Zugriff 2020-06-07]

Steuernagel, Axel (2017): Strategische Unternehmenssteuerung im digitalen Zeitalter: Theorien, Methoden und Anwendungsbeispiele, Wiesbaden: Springer Fachmedien GmbH, 2017

Zarnekow, Rüdiger/Brenner, Walter/Grohmann, Helmut H. (2004): Informationsmanagement, Heidelberg: dpunkt.verlag GmbH, 2004

Zarnekow, Ruediger/Brenner, Walter (2003): Auf dem Weg zu einem produkt- und dienstleistungsorientierten IT-Management, 2003, S. 7–16

BEI GRIN MACHT SICH IHR WISSEN BEZAHLT

- Wir veröffentlichen Ihre Hausarbeit,
  Bachelor- und Masterarbeit

- Ihr eigenes eBook und Buch -
  weltweit in allen wichtigen Shops

- Verdienen Sie an jedem Verkauf

Jetzt bei www.GRIN.com hochladen und kostenlos publizieren